硬筆鈔經本

大悲咒

我的祈願祝福

恭書

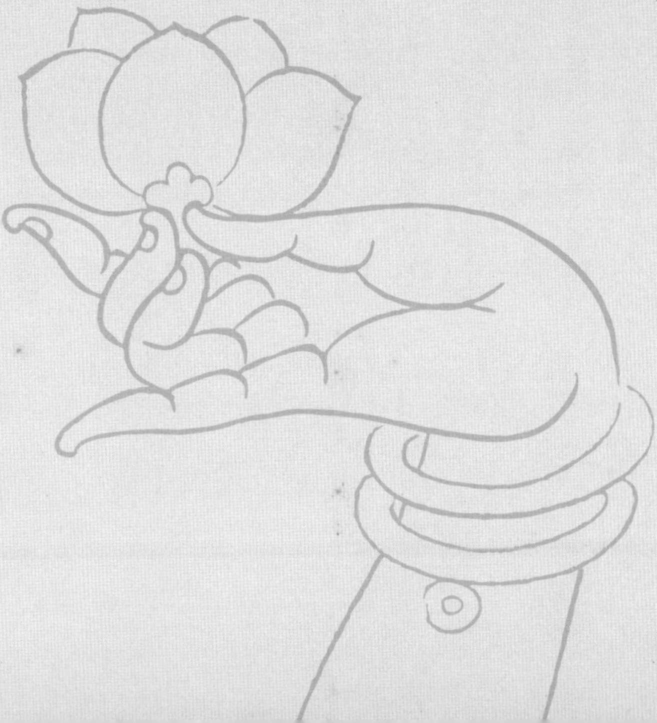

鈔經的意義

聖嚴法師

我們在大乘經典之中都會看到，諸佛菩薩鼓勵並讚歎受持、讀誦、書寫、禮拜，以及為他人說佛經的無量功德。「書寫」佛經的目的有二：

一、為了流通傳布佛經，分享更多的人，傳承更久的時間。由於古代的印刷術未發達，佛經的流布，都以手抄寫。印度以及南傳地區，有以貝葉寫經或律者；中國古代的佛經，多用手抄於紙卷之上，故爾留下了敦煌寶藏中的大量佛經手抄本。在北京的房山，則藏有大量的石刻藏經，也是為了能將佛經保留在石窟以及地宮中，傳之於後世，以免遇到毀佛滅釋的法難之後，佛經還不致在這世間失傳。

二、為了加強記憶印象。抄寫佛經，比讀誦佛經的功效更大，一遍又一遍的抄寫之後，縱然不能舌燦蓮華，也能漸漸地跟所抄的經義身心相應，化合為一。

若以今天印刷術之快速精美而言，佛經似乎已經不必用手抄寫了。尤其是在《大藏經》電子數位化之後，一片小而薄的光碟，就能容納整部藏經，要查任何一部經，進入電腦，便隨手可得；或者只要進入電腦網絡，找到提供藏經的網站，手指一按，便能得到你所要的佛經。

那麼，我們是否還鼓勵大家書寫佛經？答案是：「是的。」

目前法鼓山就在鼓勵並推動寫經修行，它的功能有二：

一、加強記憶，抄寫一遍，勝過閱讀十遍。

二、起恭敬心，每次提筆鈔經，均宜沐手焚香，甚至先行頂禮三拜，因為見經即見法，見法即見佛，見佛之時心必調柔清淨，鈔經之時，專念一意，如面對佛，所以等於聞佛說法，也由於凝心專注，即等於修習禪定。

抄寫完成的經典，可以留作紀念，若字跡美好，亦可分贈他人結善緣；如果抄得太多，字跡又不怎麼好，可以焚化掉，或焚香頂禮之後，送去回收再生。

〈大悲咒〉的修持方法

聖嚴法師

〈大悲咒〉非常非常的普遍，屬於《大悲心陀羅尼經》。《大悲心陀羅尼經》屬於密教部類，卻是一種素樸的密法，雖無上師傳承，人人也都可以修持。該經中說：「觀世音菩薩重白佛言：世尊！我念過去無量億劫，有佛出世，名曰千光王靜住如來，彼佛世尊，憐念我故，及為一切諸眾生故，說此〈廣大圓滿無礙大悲心陀羅尼〉，以金色手，摩我頂上，作如是言：『善男子！汝當持此心咒，普為未來惡世一切眾生，作大利樂。』我於是時，始住初地，一聞此咒故，超第八地。」

此咒是觀世音菩薩，在無量劫前的千光王靜住佛處初聞，一聞此咒，頓從初地越登第八地。而且受命普為未來惡世的一切眾生，以此心咒，作大利樂。嗣後觀世音菩薩又於無量的佛前，無量法會之中，重聞此咒。由於誦持此咒，故所生之處，恆在佛前，蓮花化生。該經宣稱：若能深信不疑，誦持此咒，可得無量利樂。例如臨命終時，十方諸佛，皆來援手；不墮三惡道；生諸佛國；得無量三昧辯才；現在生中，所願皆遂；轉女成男；消滅侵損常住的重罪；能除十惡五逆、謗法謗人、破齋破戒、破塔壞寺、偷僧祇物、污淨梵行等罪；能得十五種善生，並除十五種惡死。

又說此咒的相貌，即是大慈悲心、平等心、無為心、無染著心、空觀心、恭敬心、卑下心、無雜亂心、無見取心、無上菩提心。所以誦持此咒，即能通達外道典籍，能治世間八萬四千種病，能降一切天魔鬼神，能伏一切山精、魑魅魍魎，而能感得一切善神、龍王、金剛力士，常隨衛護。持此咒者，不論在何時何處，若有任何恐懼、災難、危險、迷路、病變、煩惱業障，確可應驗化解。所以名為無礙大悲、救苦、延壽、滅惡趣、破惡業障、圓滿、隨心自在、速超上地。

〈大悲心咒〉，簡稱〈大悲咒〉，共有八十四句。根據此經的要求，誦持此咒者，也有規定：要發廣度眾生的大菩提心；身持齋戒；於諸眾生，起平等心；常誦此咒不斷。並且要求：住於淨室，沐浴淨衣、懸幡燃燈，香華及各味飲食，供養觀世音菩薩，然後攝心靜慮，不起雜念，如法誦持。這種規定，即是儀軌。若能如法如儀，當然最好，否則，至少也當以恭敬心及專注心來誦持此咒，若能恭敬專注，必能有願皆成。

至於，不了解〈大悲咒〉會不會影響持咒的功德？乃至發音標不標準，會不會干擾了修持的力量？

陀羅尼，即「咒」，又稱為「總持」，意思是「持善不失，持惡不起」——持了它，即可不失善念，不起惡行。它是諸佛菩薩修持得果的心要，也是他們獨特的精神密碼，日日持誦，長久熏修，自然能與諸佛菩薩「感應道交」。

它也是唐玄奘於譯場中所提出的「五不翻」之一。「不翻」，就是不採取意譯，直接使用音譯。陀羅尼，正屬於此五大項「不翻」的狀況之一。

為什麼「不翻」呢？

第一，它是祕密語，一種獨樹的密碼，含藏了每一尊佛菩薩修證的心髓。同時，也是一類「音聲法門」，直接透過音聲的共振與佛菩薩相應、共感，是拍給諸佛的電報系統。

第二，陀羅尼的每一個字、每一個音，皆含藏了無量義。無論翻出哪一個，皆只是它的一個斷片，也皆無法涵蓋它的全貌，以及深廣的指涉。因此，翻譯永遠是掛一漏萬，殘缺不全的。因而，不翻，始能周全涵攝所有。

所以，歷來咒都保留梵文原音，採取直譯。由於直接譯音，自然隨著各地區的口音、習慣與表達的不同，會有些微的誤差。

〈大悲咒〉亦然。因此，能了解極好；不能，也毋須罣礙！它本身即是一種「聲音感應的法門」，修持者僅要循著它梵文的發音，精勤持誦即可。

持咒貴在於行者的虔誠。只要一心專注，虔心持誦，誦至一念不生，便自然能感受到內在的定靜安和，也自有心蓮啟綻。要點，也僅是持之以恆，念念相續，不忘不失。將每一次的持誦，皆當作一次虔心的呼喚與祈請。

（文章摘錄整理自聖嚴法師作品《佛教入門》、《聖嚴法師教觀音法門》）

鈔經前

洗淨雙手

端身正坐

收攝身、口、意

南無本師釋迦牟尼佛（三稱）

開經偈

無上甚深微妙法
百千萬劫難遭遇
我今見聞得受持
願解如來真實義

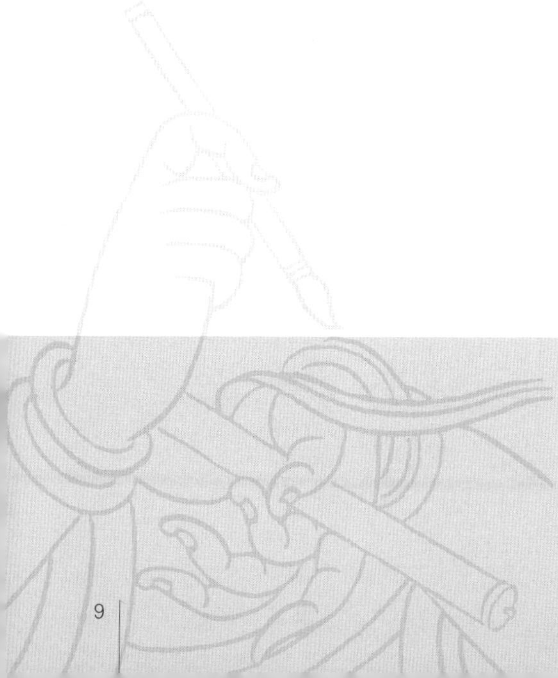

大悲咒

唐西天竺沙門伽梵達摩譯

南無喝囉怛那哆囉夜耶。南無阿唎

耶。婆盧羯帝爍鉢囉耶。菩提薩埵婆

耶。摩訶薩埵婆耶。摩訶迦盧尼迦耶。

唵。薩皤囉罰曳。數怛那怛寫。南無悉

吉唎埵伊蒙阿唎耶。婆盧吉帝室佛

囉楞馱婆。南無那囉謹墀。醯唎摩訶
皤哆沙咩。薩婆阿他豆輸朋。阿逝孕。
薩婆薩哆那摩婆薩多。那摩婆伽。摩
罰特豆。怛姪他。唵。阿婆盧醯。盧迦帝。
迦羅帝。夷醯唎。摩訶菩提薩埵。薩婆
薩婆。摩囉摩囉。摩醯摩醯唎馱孕。俱
盧俱盧羯蒙。度盧度盧罰闍耶帝。摩

訶罰闍耶帝。陀囉陀囉。地唎尼。室佛囉耶。遮囉遮囉。麼麼罰摩囉。穆帝隸。伊醯伊醯。室那室那。阿囉嘇佛囉舍利。罰娑罰嘇。佛囉舍耶。呼嚧呼嚧摩囉。呼嚧呼嚧醯利。娑囉娑囉。悉唎悉唎。蘇嚧蘇嚧。菩提夜菩提夜。菩馱夜菩馱夜。彌地利夜。那囉謹墀。地利瑟

尼那。婆夜摩那。娑婆訶。悉陀夜。娑婆
訶。摩訶悉陀夜。娑婆訶。悉陀喻藝。室
皤囉耶。娑婆訶。那囉謹墀。娑婆訶。摩
囉那囉。娑婆訶。悉囉僧阿穆佉耶。娑
婆訶。娑婆摩訶阿悉陀夜。娑婆訶。者
吉囉阿悉陀夜。娑婆訶。波陀摩羯悉
陀夜。娑婆訶。那囉謹墀皤伽囉耶。娑

婆訶。摩婆利勝羯囉夜。娑婆訶。南無
喝囉怛那哆囉夜耶。南無阿利耶。婆
嚧吉帝。爍皤囉耶。娑婆訶。唵。悉殿都。
漫多囉。跋陀耶。娑婆訶。

大悲咒

唐西天竺沙門伽梵達摩譯

南無喝囉怛那哆囉夜耶。南無阿唎
耶。婆盧羯帝爍鉢囉耶。菩提薩埵婆
耶。摩訶薩埵婆耶。摩訶迦盧尼迦耶。
唵。薩皤囉罰曳。數怛那怛寫。南無悉
吉唎埵伊蒙阿唎耶。婆盧吉帝室佛

囉楞馱婆。南無那囉謹墀。醯唎摩訶
皤哆沙咩。薩婆阿他豆輸朋。阿逝孕。
薩婆薩哆那摩婆薩多。那摩婆伽。摩
罰特豆。怛姪他。唵。阿婆盧醯。盧迦帝。
迦羅帝。夷醯唎。摩訶菩提薩埵。薩婆
薩婆。摩囉摩囉。摩醯摩醯唎馱孕。俱
盧俱盧羯蒙。度盧度盧罰闍耶帝。摩

訶罰闍耶帝。陀囉陀囉。地唎尼。室佛

囉耶。遮囉遮囉。麼麼罰摩囉。穆帝隸。

伊醯伊醯。室那室那。阿囉嘇佛囉舍

利。罰娑罰嘇。佛囉舍耶。呼嚧呼嚧摩

囉。呼嚧呼嚧醯利。娑囉娑囉。悉唎悉

唎。蘇嚧蘇嚧。菩提夜菩提夜。菩馱夜

菩馱夜。彌地利夜。那囉謹墀。地利瑟

尼郙。婆夜摩那。娑婆訶。悉陀夜。娑婆
訶。摩訶悉陀夜。娑婆訶。悉陀喻藝。室
皤囉耶。娑婆訶。那囉謹墀。娑婆訶。摩
囉那囉。娑婆訶。悉囉僧阿穆佉耶。娑
婆訶。娑婆摩訶阿悉陀夜。娑婆訶。者
吉囉阿悉陀夜。娑婆訶。波陀摩羯悉
陀夜。娑婆訶。那囉謹墀皤伽囉耶。娑

婆訶。摩婆利勝羯囉夜。娑婆訶。南無
喝囉怛那哆囉夜耶。南無阿利耶。婆
嚧吉帝。爍皤囉耶。娑婆訶。唵。悉殿都。
漫多囉。跋陀耶。娑婆訶。

大悲咒

唐西天竺沙門伽梵達摩譯

南無喝囉怛那哆囉夜耶。南無阿唎
耶。婆盧羯帝爍鉢囉耶。菩提薩埵婆
耶。摩訶薩埵婆耶。摩訶迦盧尼迦耶。
唵。薩皤囉罰曳。數怛那怛寫。南無悉
吉唎埵伊蒙阿唎耶。婆盧吉帝室佛

囉楞馱婆。南無那囉謹墀。醯唎摩訶
皤哆沙咩。薩婆阿他豆輸朋。阿逝孕。
薩婆薩哆那摩婆薩多。那摩婆伽。摩
罰特豆。怛姪他。唵。阿婆盧醯。盧迦帝。
迦羅帝。夷醯唎。摩訶菩提薩埵。薩婆
薩婆。摩囉摩囉。摩醯摩醯唎馱孕。俱
盧俱盧羯蒙。度盧度盧罰闍耶帝。摩

訶罰闍耶帝。陀囉陀囉。地唎尼。室佛
囉耶。遮囉遮囉。麼麼罰摩囉。穆帝隸。
伊醯伊醯。室那室那。阿囉嘇佛囉舍
利。罰娑罰嘇。佛囉舍耶。呼嚧呼嚧摩
囉。呼嚧呼嚧醯利。娑囉娑囉。悉悉
唎。蘇嚧蘇嚧。菩提夜菩提夜。菩馱夜
菩馱夜。彌帝利夜。那囉謹墀。地利瑟

尼那。婆夜摩那。娑婆訶。悉陀夜。娑婆

訶。摩訶悉陀夜。娑婆訶。悉陀喻藝。室

皤囉耶。娑婆訶。那囉謹墀。娑婆訶。摩

囉那囉。娑婆訶。悉囉僧阿穆佉耶。娑

婆訶。娑婆摩訶阿悉陀夜。娑婆訶。者

吉囉阿悉陀夜。娑婆訶。波陀摩羯悉

陀夜。娑婆訶。那囉謹墀皤伽囉耶。娑

婆訶。摩婆利勝羯囉夜。娑婆訶。南無
喝囉怛那哆囉夜耶。南無阿利耶。婆
嚧吉帝。爍皤囉耶。娑婆訶。唵。悉殿都。
漫多囉。跋陀耶。娑婆訶。

大悲咒

唐西天竺沙門伽梵達摩譯

南無喝囉怛那哆囉夜耶。南無阿唎
耶。婆盧羯帝爍鉢囉耶。菩提薩埵婆
耶。摩訶薩埵婆耶。摩訶迦盧尼迦耶。
唵。薩皤囉罰曳。數怛那怛寫。南無悉
吉唎埵伊蒙阿唎耶。婆盧吉帝室佛

囉楞馱婆。南無那囉謹墀。醯唎摩訶
皤哆沙咩。薩婆阿他豆輸朋。阿逝孕。
薩婆薩哆那摩婆薩多。那摩婆伽。摩
罰特豆。怛姪他。唵。阿婆盧醯。盧迦帝。
迦羅帝。夷醯唎。摩訶菩提薩埵。薩婆
薩婆。摩囉摩囉。摩醯摩醯唎馱孕。俱
盧俱盧羯蒙。度盧度盧罰闍耶帝。摩

訶罰闍耶帝。陀囉陀囉。地唎尼。室佛
囉耶。遮囉遮囉。麼麼罰摩囉。穆帝隸。
伊醯伊醯。室那室那。阿囉嘇佛囉舍
利。罰娑罰嘇。佛囉舍耶。呼嚧呼嚧摩
囉。呼嚧呼嚧醯利。娑囉娑囉。悉唎悉
唎。蘇嚧蘇嚧。菩提夜菩提夜。菩馱夜
菩馱夜。彌地利夜。那囉謹墀。地利瑟

尼那。婆夜摩那。娑婆訶。悉陀夜。娑婆
訶。摩訶悉陀夜。娑婆訶。悉陀喻藝。室
皤囉耶。娑婆訶。那囉謹墀。娑婆訶。摩
囉那囉。娑婆訶。悉囉僧阿穆佉耶。娑
婆訶。娑婆摩訶阿悉陀夜。娑婆訶。者
吉囉阿悉陀夜。娑婆訶。波陀摩羯悉
陀夜。娑婆訶。那囉謹墀皤伽囉耶。娑

婆訶。摩婆利勝羯囉夜。娑婆訶。南無
喝囉怛那哆囉夜耶。南無阿利耶。婆
嚧吉帝。爍皤囉耶。娑婆訶。唵。悉殿都。
漫多囉。跋陀耶。娑婆訶。

大悲咒

唐西天竺沙門伽梵達摩譯

南無喝囉怛那哆囉夜耶。南無阿唎
耶。婆盧羯帝爍鉢囉耶。菩提薩埵婆
耶。摩訶薩埵婆耶。摩訶迦盧尼迦耶。
唵。薩皤囉罰曳。數怛那怛寫。南無悉
吉唎埵伊蒙阿唎耶。婆盧吉帝室佛

囉楞馱婆。南無那囉謹墀。醯唎摩訶
皤哆沙咩。薩婆阿他豆輸朋。阿逝孕。
薩婆薩哆那摩婆薩多。那摩婆伽。摩
罰特豆。怛姪他。唵。阿婆盧醯。盧迦帝。
迦羅帝。夷醯唎。摩訶菩提薩埵。薩婆
薩婆。摩囉摩囉。摩醯摩醯唎馱孕。俱
盧俱盧羯蒙。度盧度盧罰闍耶帝。摩

訶罰闍耶帝。陀囉陀囉。地唎尼。室佛

囉耶。遮囉遮囉。麼麼罰摩囉。穆帝隸。

伊醯伊醯。室那室那。阿囉嘇佛囉舍

利。罰娑罰嘇。佛囉舍耶。呼嚧呼嚧摩

囉。呼嚧呼嚧醯利。娑囉娑囉。悉唎悉

唎。蘇嚧蘇嚧。菩提夜菩提夜。菩馱夜

菩馱夜。彌地利夜。那囉謹墀。地利瑟

尼那。婆夜摩那。娑婆訶。悉陀夜。娑婆
訶。摩訶悉陀夜。娑婆訶。悉陀喻藝。室
皤囉耶。娑婆訶。那囉謹墀。娑婆訶。摩
囉那囉。娑婆訶。悉囉僧阿穆佉耶。娑
婆訶。娑婆摩訶阿悉陀夜。娑婆訶。者
吉囉阿悉陀夜。娑婆訶。波陀摩羯悉
陀夜。娑婆訶。那囉謹墀皤伽囉耶。娑

婆訶。摩婆利勝羯囉夜。娑婆訶。南無
喝囉怛那哆囉夜耶。南無阿利耶。婆
嚧吉帝。爍皤囉耶。娑婆訶。唵。悉殿都。
漫多囉。跋陀耶。娑婆訶。

大悲咒

唐西天竺沙門伽梵達摩譯

南無喝囉怛那哆囉夜耶。南無阿唎

耶。婆盧羯帝爍鉢囉耶。菩提薩埵婆

耶。摩訶薩埵婆耶。摩訶迦盧尼迦耶。

唵。薩皤囉罰曳。數怛那怛寫。南無悉

吉唎埵伊蒙阿唎耶。婆盧吉帝室佛

囉楞馱婆。南無那囉謹墀。醯唎摩訶
皤哆沙咩。薩婆阿他豆輸朋。阿逝孕。
薩婆薩哆那摩婆薩多。那摩婆伽。摩
罰特豆。怛姪他。唵。阿婆盧醯。盧迦帝。
迦羅帝。夷醯唎。摩訶菩提薩埵。薩婆
薩婆。摩囉摩囉。摩醯摩醯唎馱孕。俱
盧俱盧羯蒙。度盧度盧罰闍耶帝。摩

訶罰闍耶帝。陀囉陀囉。地唎尼。室佛

囉耶。遮囉遮囉。麼麼罰摩囉。穆帝隸。

伊醯伊醯。室那室那。阿囉嘇佛囉舍

利。罰娑罰嘇。佛囉舍耶。呼嚧呼嚧摩

囉。呼嚧呼嚧醯利。娑囉娑囉。悉唎悉

唎。蘇嚧蘇嚧。菩提夜菩提夜。菩馱夜

菩馱夜。彌帝利夜。那囉謹墀。地利瑟

尼那。婆夜摩那。娑婆訶。悉陀夜。娑婆
訶。摩訶悉陀夜。娑婆訶。悉陀喻藝。室
皤囉耶。娑婆訶。那囉謹墀。娑婆訶。摩
囉那囉。娑婆訶。悉囉僧阿穆佉耶。娑
婆訶。娑婆摩訶阿悉陀夜。娑婆訶。者
吉囉阿悉陀夜。娑婆訶。波陀摩羯悉
陀夜。娑婆訶。那囉謹墀皤伽囉耶。娑

婆訶。摩婆利勝羯囉夜。娑婆訶。南無
喝囉怛那哆囉夜耶。南無阿利耶。婆
嚧吉帝。爍皤囉耶。娑婆訶。唵。悉殿都。
漫多囉。跋陀耶。娑婆訶。

大悲咒

唐西天竺沙門伽梵達摩譯

南無喝囉怛那哆囉夜耶。南無阿唎
耶。婆盧羯帝爍鉢囉耶。菩提薩埵婆
耶。摩訶薩埵婆耶。摩訶迦盧尼迦耶。
唵。薩皤囉罰曳。數怛那怛寫。南無悉
吉唎埵伊蒙阿唎耶。婆盧吉帝室佛

囉楞馱婆。南無那囉謹墀。醯唎摩訶
皤哆沙咩。薩婆阿他豆輸朋。阿逝孕。
薩婆薩哆那摩婆薩多。那摩婆伽。摩
罰特豆。怛姪他。唵。阿婆盧醯。盧迦帝。
迦羅帝。夷醯唎。摩訶菩提薩埵。薩婆
薩婆。摩囉摩囉。摩醯摩醯唎馱孕。俱
盧俱盧羯蒙。度盧度盧罰闍耶帝。摩

訶罰闍耶帝。陀囉陀囉。地唎尼。室佛
囉耶。遮囉遮囉。麼麼罰摩囉。穆帝隸。
伊醯伊醯。室那室那。阿囉嘇佛囉舍
利。罰娑罰嚟。佛囉舍耶。呼嚧呼嚧摩
囉。呼嚧呼嚧醯利。娑囉娑囉。悉唎悉
唎。蘇嚧蘇嚧。菩提夜菩提夜。菩馱夜
菩馱夜。彌地利夜。那囉謹墀。地利瑟

尼那。婆夜摩那。娑婆訶。悉陀夜。娑婆
訶。摩訶悉陀夜。娑婆訶。悉陀喻藝。室
皤囉耶。娑婆訶。那囉謹墀。娑婆訶。摩
囉那囉。娑婆訶。悉囉僧阿穆佉耶。娑
婆訶。娑婆摩訶阿悉陀夜。娑婆訶。者
吉囉阿悉陀夜。娑婆訶。波陀摩羯悉
陀夜。娑婆訶。那囉謹墀皤伽囉耶。娑

婆訶。摩婆利勝羯囉夜。娑婆訶。南無
喝囉怛那哆囉夜耶。南無阿利耶。婆
嚧吉帝。爍皤囉耶。娑婆訶。唵。悉殿都。
漫多囉。跋陀耶。娑婆訶。

大悲咒

唐西天竺沙門伽梵達摩譯

南無喝囉怛那哆囉夜耶。南無阿唎
耶。婆盧羯帝爍鉢囉耶。菩提薩埵婆
耶。摩訶薩埵婆耶。摩訶迦盧尼迦耶。
唵。薩皤囉罰曳。數怛那怛寫。南無悉
吉唎埵伊蒙阿唎耶。婆盧吉帝室佛

囉楞馱婆。南無那囉謹墀。醯唎摩訶
皤哆沙咩。薩婆阿他豆輸朋。阿逝孕。
薩婆薩哆那摩婆薩多。那摩婆伽。摩
罰特豆。怛姪他。唵。阿婆盧醯。盧迦帝。
迦羅帝。夷醯唎。摩訶菩提薩埵。薩婆
薩婆。摩囉摩囉。摩醯摩醯唎馱孕。俱
盧俱盧羯蒙。度盧度盧罰闍耶帝。摩

訶罰闍耶帝。陀囉陀囉。地唎尼。室佛
囉耶。遮囉遮囉。麼麼罰摩囉。穆帝隸。
伊醯伊醯。室那室那。阿囉嘇佛囉舍
利。罰娑罰嘇。佛囉舍耶。呼嚧呼嚧摩
囉。呼嚧呼嚧醯利。娑囉娑囉。悉唎悉
唎。蘇嚧蘇嚧。菩提夜菩提夜。菩馱夜
菩馱夜。彌地利夜。那囉謹墀。地利瑟

尼那。婆夜摩那。娑婆訶。悉陀夜。娑婆
訶。摩訶悉陀夜。娑婆訶。悉陀喻藝。室
皤囉耶。娑婆訶。那囉謹墀。娑婆訶。摩
囉那囉。娑婆訶。悉囉僧阿穆佉耶。娑
婆訶。娑婆摩訶阿悉陀夜。娑婆訶。者
吉囉阿悉陀夜。娑婆訶。波陀摩羯悉
陀夜。娑婆訶。那囉謹墀皤伽囉耶。娑

娑訶。摩婆利勝羯囉夜。娑婆訶。南無
喝囉怛那哆囉夜耶。南無阿利耶。婆
嚧吉帝。爍皤囉耶。娑婆訶。唵。悉殿都。
漫多囉。跋陀耶。娑婆訶。

大悲咒

唐西天竺沙門伽梵達摩譯

南無喝囉怛那哆囉夜耶。南無阿唎
耶。婆盧羯帝爍鉢囉耶。菩提薩埵婆
耶。摩訶薩埵婆耶。摩訶迦盧尼迦耶。
唵。薩皤囉罰曳。數怛那怛寫。南無悉
吉唎埵伊蒙阿唎耶。婆盧吉帝室佛

囉楞馱婆。南無那囉謹墀。醯唎摩訶
皤哆沙咩。薩婆阿他豆輸朋。阿逝孕。
薩婆薩哆那摩婆薩多。那摩婆伽。摩
罰特豆。怛姪他。唵。阿婆盧醯。盧迦帝。
迦羅帝。夷醯唎。摩訶菩提薩埵。薩婆
薩婆。摩囉摩囉。摩醯摩醯唎馱孕。俱
盧俱盧羯蒙。度盧度盧罰闍耶帝。摩

訶罰闍耶帝。陀囉陀囉。地唎尼。室佛

囉耶。遮囉遮囉。麼麼罰摩囉。穆帝隸。

伊醯伊醯。室那室那。阿囉嘇佛囉舍

利。罰娑罰嘇。佛囉舍耶。呼嚧呼嚧摩

囉。呼嚧呼嚧醯利。娑囉娑囉。悉唎悉

唎。蘇嚧蘇嚧。菩提夜菩提夜。菩馱夜

菩馱夜。彌帝利夜。那囉謹墀。地利瑟

尼那。婆夜摩那。娑婆訶。悉陀夜。娑婆
訶。摩訶悉陀夜。娑婆訶。悉陀喻藝。室
皤囉耶。娑婆訶。那囉謹墀。娑婆訶。摩
囉那囉。娑婆訶。悉囉僧阿穆佉耶。娑
婆訶。娑婆摩訶阿悉陀夜。娑婆訶。者
吉囉阿悉陀夜。娑婆訶。波陀摩羯悉
陀夜。娑婆訶。那囉謹墀皤伽囉耶。娑

婆訶。摩婆利勝羯囉夜。娑婆訶。南無
喝囉怛那哆囉夜耶。南無阿利耶。婆
嚧吉帝。爍皤囉耶。娑婆訶。唵。悉殿都。
漫多囉。跋陀耶。娑婆訶。

大悲咒

唐西天竺沙門伽梵達摩譯

南無喝囉怛那哆囉夜耶。南無阿唎
耶。婆盧羯帝爍鉢囉耶。菩提薩埵婆
耶。摩訶薩埵婆耶。摩訶迦盧尼迦耶。
唵。薩皤囉罰曳。數怛那怛寫。南無悉
吉唎埵伊蒙阿唎耶。婆盧吉帝室佛

囉欏馱婆。南無那囉謹墀。醯唎摩訶
皤哆沙咩。薩婆阿他豆輸朋。阿逝孕。
薩婆薩哆那摩婆薩多。那摩婆伽。摩
罰特豆。怛姪他。唵。阿婆盧醯。盧迦帝。
迦羅帝。夷醯唎。摩訶菩提薩埵。薩婆
薩婆。摩囉摩囉。摩醯摩醯唎馱孕。俱
盧俱盧羯蒙。度盧度盧罰闍耶帝。摩

訶罰闍耶帝。陀囉陀囉。地唎尼。室佛
囉耶。遮囉遮囉。麼麼罰摩囉。穆帝隸。
伊醯伊醯。室那室那。阿囉嘇佛囉舍
利。罰娑罰嚓。佛囉舍耶。呼嚧呼嚧摩
囉。呼嚧呼嚧醯利。娑囉娑囉。悉唎悉
唎。蘇嚧蘇嚧。菩提夜菩提夜。菩馱夜
菩馱夜。彌帝利夜。那囉謹墀。地利瑟

尼那。婆夜摩那。娑婆訶。悉陀夜。娑婆
訶。摩訶悉陀夜。娑婆訶。悉陀喻藝。室
皤囉耶。娑婆訶。那囉謹墀。娑婆訶。摩
囉那囉。娑婆訶。悉囉僧阿穆佉耶。娑
婆訶。娑婆摩訶阿悉陀夜。娑婆訶。者
吉囉阿悉陀夜。娑婆訶。波陀摩羯悉
陀夜。娑婆訶。那囉謹墀皤伽囉耶。娑

娑訶。摩婆利勝羯囉夜。娑婆訶。南無
喝囉怛那哆囉夜耶。南無阿利耶。婆
嚧吉帝。爍皤囉耶。娑婆訶。唵。悉殿都。
漫多囉。跋陀耶。娑婆訶。

大悲咒

唐西天竺沙門伽梵達摩譯

南無喝囉怛那哆囉夜耶。南無阿唎
耶。婆盧羯帝爍鉢囉耶。菩提薩埵婆
耶。摩訶薩埵婆耶。摩訶迦盧尼迦耶。
唵。薩皤囉罰曳。數怛那怛寫。南無悉
吉唎埵伊蒙阿唎耶。婆盧吉帝室佛

囉楞馱婆。南無那囉謹墀。醯唎摩訶
皤哆沙咩。薩婆阿他豆輸朋。阿逝孕。
薩婆薩哆那摩婆薩多。那摩婆伽。摩
罰特豆。怛姪他。唵。阿婆盧醯。盧迦帝。
迦羅帝。夷醯唎。摩訶菩提薩埵。薩婆
薩婆。摩囉摩囉。摩醯摩醯唎馱孕。俱
盧俱盧羯蒙。度盧度盧罰闍耶帝。摩

廣告回函
台灣北區郵政管理局登記證
北台字第11073號
免貼郵票

112-44
台北市北投區公館路186號5樓

法鼓文化

讀者服務部 收

寄件人：　□先生　□小姐

地址：

市　區鎮

縣　市區

路街　段　巷　弄　號　樓 □□□

讀者服務卡

感恩您對法鼓文化產品的支持。為了提供更好的服務，請您回覆以下的問題並直接寄回法鼓文化。我們非常重視您的想法，因為您的建議將是我們進步的原動力！

＊是否為法鼓文化的心田會員？ □是 □否

＊□未曾 □曾經 填過法鼓文化讀者服務卡

＊是否定期收到《法鼓雜誌》？ □是 □否，但願意索閱 □暫不需要

＊生日：________ 年________ 月________ 日

＊電話：(家) ________________ (公) ________________

＊手機：____________________

＊E-mail：__________________________

＊學歷：□國中以下□高中 □專科 □大學 □研究所以上

＊服務單位：__________________________

＊職業別：□軍公教 □服務 □金融 □製造 □資訊 □傳播
□自由業 □漁牧 □學生 □家管 □其它 ________________

＊宗教信仰：□佛教 □天主教 □基督教 □民間信仰 □無 □其它______

＊我購買的書籍名稱是：______________________________________

＊我購買的地點：□書店_____ 縣/市_____ 書店 □網路_____ □其它_____

＊我獲得資訊是從： □人生雜誌 □法鼓雜誌 □書店 □親友 □其它_____

＊我購買這本(套)書是因為：□內容 □作者 □書名 □封面設計□版面編排
□印刷優美 □價格合理 □親友介紹
□免費贈送 □其它____________________

＊我想提供建議：____

□我願意收到相關的產品資訊及優惠專案 (若無勾選，視為願意)

法鼓文化 TEL:02-2893-1600 FAX：02-2896-0731

訶罰闍耶帝。陀囉陀囉。地唎尼。室佛
囉耶。遮囉遮囉。麼麼罰摩囉。穆帝隸。
伊醯伊醯。室那室那。阿囉嘇佛囉舍
利。罰娑罰嘇。佛囉舍耶。呼嚧呼嚧摩
囉。呼嚧呼嚧醯利。娑囉娑囉。悉唎悉
唎。蘇嚧蘇嚧。菩提夜菩提夜。菩馱夜
菩馱夜。彌帝利夜。那囉謹墀。地利瑟

尼那。婆夜摩那。娑婆訶。悉陀夜。娑婆
訶。摩訶悉陀夜。娑婆訶。悉陀喻藝。室
皤囉耶。娑婆訶。那囉謹墀。娑婆訶。摩
囉那囉。娑婆訶。悉囉僧阿穆佉耶。娑
婆訶。娑婆摩訶阿悉陀夜。娑婆訶。者
吉囉阿悉陀夜。娑婆訶。波陀摩羯悉
陀夜。娑婆訶。那囉謹墀皤伽囉耶。娑

婆訶。摩婆利勝羯囉夜。娑婆訶。南無
喝囉怛那哆囉夜耶。南無阿利耶。婆
嚧吉帝。爍皤囉耶。娑婆訶。唵。悉殿都。
漫多囉。跋陀耶。娑婆訶。

大悲咒

唐西天竺沙門伽梵達摩譯

南無喝囉怛那哆囉夜耶。南無阿唎
耶。婆盧羯帝爍鉢囉耶。菩提薩埵婆
耶。摩訶薩埵婆耶。摩訶迦盧尼迦耶。
唵。薩皤囉罰曳。數怛那怛寫。南無悉
吉唎埵伊蒙阿唎耶。婆盧吉帝室佛

囉楞馱婆。南無那囉謹墀。醯唎摩訶
皤哆沙咩。薩婆阿他豆輸朋。阿逝孕。
薩婆薩哆那摩婆薩多。那摩婆伽。摩
罰特豆。怛姪他。唵。阿婆盧醯。盧迦帝。
迦羅帝。夷醯唎。摩訶菩提薩埵。薩婆
薩婆。摩囉摩囉。摩醯摩醯唎馱孕。俱
盧俱盧羯蒙。度盧度盧罰闍耶帝。摩

訶罰闍耶帝。陀囉陀囉。地唎尼。室佛

囉耶。遮囉遮囉。麼麼罰摩囉。穆帝隸。

伊醯伊醯。室那室那。阿囉嘇佛囉舍

利。罰娑罰嘇。佛囉舍耶。呼嚧呼嚧摩

囉。呼嚧呼嚧醯利。娑囉娑囉。悉唎悉

唎。蘇嚧蘇嚧。菩提夜菩提夜。菩馱夜

菩馱夜。彌地利夜。那囉謹墀。地利瑟

尼郲。婆夜摩那。娑婆訶。悉陀夜。娑婆
訶。摩訶悉陀夜。娑婆訶。悉陀喻藝。室
皤囉耶。娑婆訶。郲囉謹墀。娑婆訶。摩
囉那囉。娑婆訶。悉囉僧阿穆佉耶。娑
婆訶。娑婆摩訶阿悉陀夜。娑婆訶。者
吉囉阿悉陀夜。娑婆訶。波陀摩羯悉
陀夜。娑婆訶。那囉謹墀皤伽囉耶。娑

婆訶。摩婆利勝羯囉夜。娑婆訶。南無
喝囉怛那哆囉夜耶。南無阿利耶。婆
嚧吉帝。爍皤囉耶。娑婆訶。唵。悉殿都。
漫多囉。跋陀耶。娑婆訶。

大悲咒

唐西天竺沙門伽梵達摩譯

南無喝囉怛那哆囉夜耶。南無阿唎
耶。婆盧羯帝爍鉢囉耶。菩提薩埵婆
耶。摩訶薩埵婆耶。摩訶迦盧尼迦耶。
唵。薩皤囉罰曳。數怛那怛寫。南無悉
吉唎埵伊蒙阿唎耶。婆盧吉帝室佛

囉楞馱婆。南無那囉謹墀。醯唎摩訶
皤哆沙咩。薩婆阿他豆輸朋。阿逝孕。
薩婆薩哆那摩婆薩哆。那摩婆伽。摩
罰特豆。怛姪他。唵。阿婆盧醯。盧迦帝。
迦羅帝。夷醯唎。摩訶菩提薩埵。薩婆
薩婆。摩囉摩囉。摩醯摩醯唎馱孕。俱
盧俱盧羯蒙。度盧度盧罰闍耶帝。摩

訶罰闍耶帝。陀囉陀囉。地唎尼。室佛
囉耶。遮囉遮囉。麼麼罰摩囉。穆帝隸。
伊醯伊醯。室那室那。阿囉嘇佛囉舍
利。罰娑罰嘇。佛囉舍耶。呼嚧呼嚧摩
囉。呼嚧呼嚧醯利。娑囉娑囉。悉唎悉
唎。蘇嚧蘇嚧。菩提夜菩提夜。菩馱夜
菩馱夜。彌地利夜。那囉謹墀。地利瑟

尼那。婆夜摩那。娑婆訶。悉陀夜。娑婆
訶。摩訶悉陀夜。娑婆訶。悉陀喻藝。室
皤囉耶。娑婆訶。那囉謹墀。娑婆訶。摩
囉那囉。娑婆訶。悉囉僧阿穆佉耶。娑
婆訶。娑婆摩訶阿悉陀夜。娑婆訶。者
吉囉阿悉陀夜。娑婆訶。波陀摩羯悉
陀夜。娑婆訶。那囉謹墀皤伽囉耶。娑

婆訶。摩婆利勝羯囉夜。娑婆訶。南無
喝囉怛那哆囉夜耶。南無阿利耶。婆
嚧吉帝。爍皤囉耶。娑婆訶。唵。悉殿都。
漫多囉。跋陀耶。娑婆訶。

大悲咒

唐西天竺沙門伽梵達摩譯

南無喝囉怛那哆囉夜耶。南無阿唎
耶。婆盧羯帝爍鉢囉耶。菩提薩埵婆
耶。摩訶薩埵婆耶。摩訶迦盧尼迦耶。
唵。薩皤囉罰曳。數怛那怛寫。南無悉
吉唎埵伊蒙阿唎耶。婆盧吉帝室佛

囉㘄馱婆。南無那囉謹墀。醯唎摩訶
皤哆沙咩。薩婆阿他豆輸朋。阿逝孕。
薩婆薩哆那摩婆薩多。那摩婆伽。摩
罰特豆。怛姪他。唵。阿婆盧醯。盧迦帝。
迦羅帝。夷醯唎。摩訶菩提薩埵。薩婆
薩婆。摩囉摩囉。摩醯摩醯唎馱孕。俱
盧俱盧羯蒙。度盧度盧罰闍耶帝。摩

訶罰闍耶帝。陀囉陀囉。地唎尼。室佛

囉耶。遮囉遮囉。麼麼罰摩囉。穆帝隸。

伊醯伊醯。室那室那。阿囉嘇佛囉舍

利。罰娑罰嘇。佛囉舍耶。呼嚧呼嚧摩

囉。呼嚧呼嚧醯利。娑囉娑囉。悉唎悉

唎。蘇嚧蘇嚧。菩提夜菩提夜。菩馱夜

菩馱夜。彌帝利夜。那囉謹墀。地利瑟

尼那。婆夜摩那。娑婆訶。悉陀夜。娑婆
訶。摩訶悉陀夜。娑婆訶。悉陀喻藝。室
皤囉耶。娑婆訶。那囉謹墀。娑婆訶。摩
囉那囉。娑婆訶。悉囉僧阿穆佉耶。娑
婆訶。娑婆摩訶阿悉陀夜。娑婆訶。者
吉囉阿悉陀夜。娑婆訶。波陀摩羯悉
陀夜。娑婆訶。那囉謹墀皤伽囉耶。娑

婆訶。摩婆利勝羯囉夜。娑婆訶。南無
喝囉怛那哆囉夜耶。南無阿利耶。婆
嚧吉帝。爍皤囉耶。娑婆訶。唵。悉殿都。
漫多囉。跋陀耶。娑婆訶。

大悲咒

唐西天竺沙門伽梵達摩譯

南無喝囉怛那哆囉夜耶。南無阿唎

耶。婆盧羯帝爍鉢囉耶。菩提薩埵婆

耶。摩訶薩埵婆耶。摩訶迦盧尼迦耶。

唵。薩皤囉罰曳。數怛那怛寫。南無悉

吉唎埵伊蒙阿唎耶。婆盧吉帝室佛

囉楞馱婆。南無那囉謹墀。醯唎摩訶
皤哆沙咩。薩婆阿他豆輸朋。阿逝孕。
薩婆薩哆那摩婆薩多。那摩婆伽。摩
罰特豆。怛姪他。唵。阿婆盧醯。盧迦帝。
迦羅帝。夷醯唎。摩訶菩提薩埵。薩婆
薩婆。摩囉摩囉。摩醯摩醯唎馱孕。俱
盧俱盧羯蒙。度盧度盧罰闍耶帝。摩

訶罰闍耶帝。陀囉陀囉。地唎尼。室佛
囉耶。遮囉遮囉。麼麼罰摩囉。穆帝隸。
伊醯伊醯。室那室那。阿囉嘇佛囉舍
利。罰娑罰嘇。佛囉舍耶。呼嚧呼嚧摩
囉。呼嚧呼嚧醯利。娑囉娑囉。悉唎悉
唎。蘇嚧蘇嚧。菩提夜菩提夜。菩馱夜
菩馱夜。彌帝利夜。那囉謹墀。地利瑟

尼那。婆夜摩那。娑婆訶。悉陀夜。娑婆
訶。摩訶悉陀夜。娑婆訶。悉陀喻藝。室
皤囉耶。娑婆訶。那囉謹墀。娑婆訶。摩
囉那囉。娑婆訶。悉囉僧阿穆佉耶。娑
婆訶。娑婆摩訶阿悉陀夜。娑婆訶者
吉囉阿悉陀夜。娑婆訶。波陀摩羯悉
陀夜。娑婆訶。那囉謹墀皤伽囉耶。娑

婆訶。摩婆利勝羯囉夜。娑婆訶。南無

喝囉怛那哆囉夜耶。南無阿利耶。婆

嚧吉帝。爍皤囉耶。娑婆訶。唵。悉殿都。

漫多囉。跋陀耶。娑婆訶。

大悲咒

唐西天竺沙門伽梵達摩譯

南無喝囉怛那哆囉夜耶。南無阿唎耶。婆盧羯帝爍鉢囉耶。菩提薩埵婆耶。摩訶薩埵婆耶。摩訶迦盧尼迦耶。唵。薩皤囉罰曳。數怛那怛寫。南無悉吉唎埵伊蒙阿唎耶。婆盧吉帝室佛

囉楞馱婆。南無那囉謹墀。醯唎摩訶
皤哆沙咩。薩婆阿他豆輸朋。阿逝孕。
薩婆薩哆那摩婆薩多。那摩婆伽。摩
罰特豆。怛姪他。唵。阿婆盧醯。盧迦帝。
迦羅帝。夷醯唎。摩訶菩提薩埵。薩婆
薩婆。摩囉摩囉。摩醯摩醯唎馱孕。俱
盧俱盧羯蒙。度盧度盧罰闍耶帝。摩

訶罰闍耶帝。陀囉陀囉。地唎尼。室佛
囉耶。遮囉遮囉。麼麼罰摩囉。穆帝隸。
伊醯伊醯。室那室那。阿囉嘇佛囉舍
利。罰娑罰嘇。佛囉舍耶。呼嚧呼嚧摩
囉。呼嚧呼嚧。醯利。娑囉娑囉。悉唎悉
唎。蘇嚧蘇嚧。菩提夜菩提夜。菩馱夜
菩馱夜。彌帝利夜。那囉謹墀。地利瑟

尼那。婆夜摩那。娑婆訶。悉陀夜。娑婆
訶。摩訶悉陀夜。娑婆訶。悉陀喻藝。室
皤囉耶。娑婆訶。那囉謹墀。娑婆訶。摩
囉那囉。娑婆訶。悉囉僧阿穆佉耶。娑
婆訶。娑婆摩訶阿悉陀夜。娑婆訶。者
吉囉阿悉陀夜。娑婆訶。波陀摩羯悉
陀夜。娑婆訶。那囉謹墀皤伽囉耶。娑

婆訶。摩婆利勝羯囉夜。娑婆訶。南無
喝囉怛那哆囉夜耶。南無阿利耶。婆
嚧吉帝。爍皤囉耶。娑婆訶。唵。悉殿都。
漫多囉。跋陀耶。娑婆訶。

迴向偈

願消三障諸煩惱
願得智慧真明了
普願罪障悉消除
世世常行菩薩道

祈願鈔經 3

大悲咒硬筆鈔經本

書法家 / 陳一郎
出版者 / 法鼓文化事業股份有限公司
編輯總監 / 釋果賢
主　編 / 陳重光
編　輯 / 楊仁惠
封面設計 / 自由落體設計
內頁美編 / 陳孟琪
地　址 / 台北市北投區公館路186號5樓
電　話 / (02) 2893-4646　　傳　真 / (02) 2896-0731
網　址 / http://www.ddc.com.tw
E-mail / market@ddc.com.tw
讀者服務專線 / (02) 2896-1600
初版一刷 / 2009年8月
建議售價 / 新台幣80元
郵撥帳號 / 50013371
戶名 / 財團法人法鼓山文教基金會—法鼓文化
北美經銷處 / 紐約東初禪寺
Chan Meditation Center (New York, U.S.A.)
Tel / (718) 592-6593　　Fax / (718) 592-0717
ISBN：978-957-598-466-3 (平裝)

法鼓文化